CATALOGUE

D'UNE BELLE COLLECTION

DE

DESSINS ANCIENS

Des Écoles

ITALIENNE, HOLLANDAISE, FLAMANDÉ ESPAGNOLE ET FRANÇAISE

DONT LA VENTE AURA LIEU

A L'HOTEL DES COMMISSAIRES-PRISEURS

SALLE N° 3

Les Jeudi 26 et Vendredi 27 Mars 1863

À DEUX HEURES PRÉCISES

EXPOSITION PUBLIQUE

Le Mercredi 25 Mars 1863, de une heure à cinq heures.

(LE CATALOGUE A ÉTÉ RÉDIGÉ PAR M. DE RUVILLE).

Mᵉ DELBERGUE-CORMONT, Commissaire-Priseur,
rue de Provence, 8,

Assisté de **M. CLEMENT**, Mᵈ d'Estampes de la Bibliothèque Impériale,
rue des Saints-Pères, 3,

CHEZ LESQUELS SE DISTRIBUE LE PRÉSENT CATALOGU •

1863

CONDITIONS DE LA VENTE

Elle sera faite au comptant.

Les Adjudicataires paieront CINQ pour CENT en sus des adjudications, applicables aux frais.

La Collection dont nous donnons ici le Catalogue, a été formée avec un goût éclairé et un sentiment vrai de l'art ; elle se recommande à l'attention des Amateurs sérieux par le caractère d'originalité et de pureté qui distingue les Dessins des diverses Écoles dont elle se compose.

Ne pouvant énumérer toutes les pièces qui méritent une mention spéciale, nous nous bornons à citer les plus remarquables.

ÉCOLE ITALIENNE.

Baccio Bandinelli. *Saint Sébastien* (74). — **Polydore de Caravage.** *Adam et Ève* (83). *Soldats romains* (83bis). — **Le Corrège.** *Un groupe d'Anges* (86). *Jupiter et Io* (224). *Études d'Enfants* (225).* — **Le Primatice.** *Pégase couronné de fleurs* (70).— **Le Parmesan.** *Mars et Vénus* (81). — **Fra Bartholomeo.** *Une Tête d'enfant* (88). *Un Evangeliste* (221). — **J.-C. Pro-**

caccini (90). — ***Francia***. *Un Lévite* (99). — ***Jean d'Udine*** (95). — ***Michel-Ange Buonarotti***. Études pour son *Jugement dernier* (101), et *Portrait d'une Princesse* (262). — ***Balestra*** (115). — ***Léonard de Vinci***. *Sainte Famille* (104). *Tête de Vieillard* (215). — ***Le Titien***. *Paysage* (63). *Hercule et Cerbère* (243). — ***Sébastien del Piombo***. *L'Accouchement de la Vierge* (106). *Le Christ mort soutenu par des Anges* (131). — ***Raphaël Sanzio***. *Une Vierge* (110). — ***Pyrrho Ligorio*** (253). — ***Le Giotto***. *La Navicella (la Barque de saint Pierre)* (267). — ***J. Palma*** (le Vieux) (273).

ÉCOLES HOLLANDAISE ET ALLEMANDE.

J. Moucheron. *Paysage* (59). — ***Rottenhamer***. *Baptême de Jésus-Christ* (62). *Femmes nues* (62 bis). — ***C. Visscher***. *Portrait historique* (82). — ***J. Holbein***. *Esther et Assuérus* (84). *Une Procession* (85). — ***C. Bega***. *Scène de Cabaret* (96). — ***Wynants***. *Paysage* (100). — ***Isaac Van Ostade***. *Le Marchand d'Images* (102). *Un Accouchement* (199). — ***Adrien Van Ostade***. *L'École de village* (103). — ***L. Backhuysen***. *Le Coup de Vent* (105). *Une jeune Femme* *jouant de la Guitare* (210). — **Rembrandt** (219 et 220). — **A. Van de Velde**. *Paysage avec Animaux* (109). *Tête de Bœuf* (184). — **Gérard Dow**. *Portrait* (118). — **C. Dusart**. *Buveur* (111). — **N. Berghem** (113, 114 et 115). — **Paul Potter** (130 et 263). — **A. Van Stry**. *Un Troupeau* (120). — **K. Dujardin** (127 et 128). — **H. Roos** (144). — **P. Wouwermans** (197). — **H. Goltzius** (187 et 188). — **D. Vickembooms**. *Paysage* (190). — **Van der Venne** (204). — **J. Ruysdael**. *Paysage* (208). — **G. Terburg**. *Jeune Femme assise devant un miroir* (214). — **A. Bloemaert** (222). — **H. Swanevelt**. *Paysage* (248). — **J. Both**. *Paysages* (264 et 265). — **J. Lievens** (274). — **J. Van Stry** (279).

ÉCOLE FLAMANDE.

Paul Bril. *Une Chasse* (66). — **H. Van Balen**. *Pomone et Flore* (73). — **J. Breughel**. *La Vendange* (89). — **A. Diepenbecke** (77 et 78). — **Rubens**. *Une Tête de femme* (92). — *Adam et Ève au paradis* (93). — **D. Calvaert**. *La Cène* (175). — **J. Jordaens** (182). — **E. Quellinus** (185). — **A. Van Dyck**. *Saint Sébastien* (217). *Mater dolorosa* (218).

ÉCOLE ESPAGNOLE.

L. Fernandez. *Un Baptême* (42). — **L. Fuente**. *Le Christ mort* (47). — **M. De Molina** (51) — **J. Ribera**. *Martyre de Saint André* (167). — **E. Murillo**. *Famille de Bûcherons* (202). *Saint Hubert* (203). — **Zurbaran**. *Un Moine en extase* (223). — **Pacheco** (229).

ÉCOLE FRANÇAISE.

A. Watteau. *Femme nue endormie* (67). *Une Femme en chemise sur son lit* (252). — **L. David**. *La Toilette* (124). *Tête de Bélisaire* (125). — **J.-B. Greuze**. *Scène d'intérieur* (254). — **Callet** (278). — **Chardin** *Une Marchande de fruits* (260.) — **Debucourt**. *Portrait de jeune fille* (290).

Un grand nombre de ces Dessins, recueillis en Hollande et en Belgique, ont fait partie de Collections célèbres ; ils sont dignes de figurer dans les Cabinets des Amateurs qui recherchent les bonnes productions des Maîtres.

L. DE RUVILLE.

19 Mars 1863.

DÉSIGNATION

DES DESSINS

PREMIÈRE VACATION

GRIMALDI (LE BOLOGNÈSE)

1 — Paysage. Vue des environs de Rome.

Dessin à la plume.

B. SPRANGER

2 — Un satyre arrachant une épine du pied d'un faune.

Dessin à l'encre de Chine, rehaussé de blanc.
Collection du comte de Paar.

PALMERIUS

3 — Cavaliers traversant un champ.

Dessin à la plume, très-fin.

SCHELLINGS

4 — Marine.

Dessin à l'encre de Chine, rehaussé de blanc.

P. FARINATI

5 — Un homme tenant un livre, appuyé sur un dauphin.

Dessin à la plume et au bistre.
Collection Vallardi.

J. LIEVENS

6 — Paysage. Étude d'arbres à la lisière d'un bois.

Dessin à la plume et au bistre.

L. CAMBIASO dit LE CANGIAGE

7 — Le Christ au Jardin des Oliviers.

Dessin à la plume et au bistre, rehaussé de blanc.
Collections du comte de Goudts et J. Dupan.

VAN BATTEM

8 — Paysage.

Dessin à l'encre de Chine, rehaussé de blanc.

P. BERETTINI DE CORTONE

9 — Tête de Femme.

Joli dessin aux trois crayons.

J. RIBERA dit L'ESPAGNOLET

10 — Saint Jérôme dans le désert. — Ecce Homo.

Deux dessins très-fins à la plume sur la même feuille, avec la signature
du maître.

C. NETSCHER

11 — Un peintre dans son atelier.

Dessin à la plume et au bistre.

J. VERNET

12 — Marine.

Joli dessin à la plume, légèrement lavé de bistre.
Collection Dumesnil.

MAURO TESI

13 — Intérieur d'un Cloître.

Dessin à la plume et au bistre.

A. GENOELS

14 — Paysage.

Joli dessin à la plume, lavé de bistre et d'encre de Chine.

SOLIMÈNE

15 — Jeune fille tenant des fruits dans ses mains.

Gracieux dessin à la pierre d'Italie, sur papier bistré.
Collection Claussin.

VAN DER ULFT

16 — Vue prise aux environs de Rome.

Joli dessin au bistre.

CARRACHE (ANNIBAL)

17 — Écusson aux armes des Médicis.

Dessin à la plume, lavé de bistre.
Collection des Médicis.

18 — Un Mendiant.

Dessin à la sanguine.

CHAMPAIGNE (PHILIPPE DE)

19 — Jésus et ses apôtres. — Une religieuse en prière.

Deux dessins à la plume et à la pierre noire, sur la même feuille.

BRAUWER (ADRIEN)

20 — Un fumeur flamand dans un cabaret.

Croquis spirituellement exécuté à la sanguine.

LUTTI (BENEDETTO)

21 — Communion de la Madeleine.

Dessin à la plume et au bistre.
Collection de l'Alliance des Arts.

MIGNON (ABRAHAM)

22 — Nature morte. — Fleurs et fruits.

Joli croquis à la pierre noire, sur papier gris.

J. PALMA (LE JEUNE)

23 — Saint Sébastien reçoit la couronne de martyr des mains d'un ange.

Beau dessin à la pierre d'Italie.
Collection Woodburn.

P. VAN BLOEMEN

24 — Un cheval chargé de paniers.

Dessin à la plume lavé de bistre.

GAULI dit LE BACHICHE

25 — Des évêques présentent les plans d'une église à l'empereur Constantin.

Joli dessin à la plume et au bistre, rehaussé de blanc.

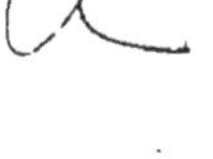

ALDEGRAVER

26 — L'Agneau pascal.

Dessin à la plume. Curieux et rare.

PANNINI

27 — Intérieur de Cloître.

Dessin à la plume et au bistre.
Collections Houlditsch et Galeozzi.

PIERRE DE LAAR dit LE BAMBOCHE

28 — Marchands ambulants assis au bord d'un chemin.

Dessin à la pierre noire, rehaussé de blanc, sur papier bleu.
Collection Van den Zande.

PROCACCINI (Camille)

29 — Intérieur d'un Hôpital où les malades sont soignés par des saints.

Dessin à la plume et au bistre, mêlé d'encre de Chine.

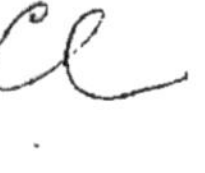

RUYSDAEL (Salomon)

30 — Vue d'une Ville au bord d'une rivière.

Charmant dessin à l'encre de Chine.
Collection Van Goll.

G. VASARI

31 — Un enfant portant un vase sur ses épaules.

Dessin à la plume et au bistre, rehaussé de blanc, sur papier gris.
Collection Van Os.

OVERBEECK

32. — Paysage. Intérieur de forêt.

Dessin à l'encre de Chine.

L'ALBANE

33 — La fille de Pharaon regardant Moïse enfant au bord
du Nil.

Gracieux dessin à la pierre noire.

SACHTLEVEN (Herman)

34 — Paysage.

Beau dessin à la pierre noire, légèrement teinté de bistre.

G. BONINI dit L'ANCONITANO

35 — Scène de pestiférés.

Dessin à la plume légèrement lavé de bistre. Rare.
Collections Richardson et Sir J. Reynolds.

MOUCHERON (Frédéric)

36 — Paysage avec ruines.

Dessin à l'encre de Chine, mêlée de bistre.

GEORGE PEINS (1550)

Élève d'Albert Durer et de Raphaël.

37 — Un souverain, assis sur son trône, entouré de sa famille et des grands dignitaires de sa Cour, reçoit
le serment de magistrats.

Dessin à la plume et à l'encre de Chine. — Curieux et rare.

THOMAS WYCK

38 — Paysage. Entrée de parc.

Joli dessin au bistre, portant les initiales du maître.

CARRACHE (Louis)

39 — Un satyre assis, cueillant des fruits.

Dessin à la plume, lavé d'encre de Chine.
Collection Richardson.

40 — Paysage

Croquis très-fin à la plume.

VICKEMBOOMS (David)

41 — Scène érotique.

Dessin à la plume et au bistre, lavé d'aquarelle. Portant les initiales du
maître. — Rare.

L. FERNANDEZ (1560)

Maître des Herrera, de J. de Castillo et de Pachecho.

42 — Le Baptême.

A droite, un saint verse de l'eau sur la tête d'un
enfant qu'un jeune homme, à genoux, tient dans
ses bras au-dessus d'un grand vase ; à gauche,
la Vierge tient d'une main l'enfant Jésus et de
l'autre des fleurs.

Dessin à la plume et au bistre, largement traité (École espagnole).—
Très-rare.
Collection Madrazzo.

VAN EVERDINGEN

43 — Paysage.

Charmant dessin à la pierre noire, légèrement lavé d'encre de Chine.

VAN DER DOES

44 — Apparition de l'Ange aux Bergers.

Dessin à la pierre noire et à l'encre de Chine.

ANBRÉ SACCHI

45 — La Cène.

Beau dessin à la sanguine, plein de sentiment.
Collection Revil.

WATERLOO (Antoine)

46 — Paysage. — Vue prise à la lisière d'un bois

Très-joli dessin à la sanguine.

FUENTE (Leandro)

47 — Le Christ mort, sur les genoux de sa mère entourée
d'anges.

Dessin au bistre, rehaussé de blanc, sur papier bleu (École espagnole). —
Très-rare.
Collection Madrazzo.

MICHEL CARRÉ

48 — Paysage avec animaux.

Dessin au bistre et à l'encre de Chine, portant la signature du maître.

LUYCKEN (Jean)

49 — Adoration des Bergers.

  — L'Ane de Balaam.

  — Un Couronnement.

  — Une Exécution.

Quatre jolis dessins à la plume, légèrement lavés.
Collection Van Os.

GOLTZIUS (Henri)

50 — Un évangéliste inspiré par un ange.

Beau dessin à la plume, rehaussé de blanc, sur papier bleu.
Collection Van den Zande.

DE MOLINA (Manuel)

51 — Conversion d'Africains.

Dessin à la pierre noire et au bistre (Ecole espagnole). — Rare.
Collection Madrazzo.

NIEULANDT

52 — Ruines au bord d'une rivière.

Dessin d'une grande finesse à la plume et au bistre, légèrement teinté d'indigo.

ZUCCARO (Frédéric)

53 — Un homme drapé tenant un livre fermé. — Fragment de la Flagellation.

Deux jolis dessins aux trois crayons.

J.-B. WEENINX

54 — Oiseaux divers.

Charmant dessin au crayon noir, légèrement teinté d'aquarelle.

ROMANELLI

55 — Un artiste occupé à peindre un Christ en croix, est
entouré d'anges qui viennent prendre son tableau
pour l'emporter au ciel.

Beau dessin à la plume lavé d'encre de Chine.
Collections Mouriau, Nils Bark, Th. Hudson, Thoney et Van Haaken.

B. BREEMBERG

56 — Paysage avec ruines aux environs de Rome.

Joli dessin lavé, de bistre et d'encre de Chine.

J. PALMA (LE JEUNE)

57 — Baptême de Jésus-Christ.

Beau dessin à la plume et au bistre, rehaussé de blanc.
Collection Révil.

MOUCHERON (ISAAC)

58 — Paysage.

Dessin à la sanguine, lavé de brun rouge.

59 — Paysage avec monuments.

Ravissant dessin à la plume et à l'encre de Chine. Très-fin.

J. DA PONTE dit LE BASSAN

60 — Scène du Déluge.

Beau dessin à l'encre de Chine, rehaussé de blanc, sur papier gris.

ROTTENHAMER

61 — Adoration des Mages.

Beau dessin à la plume et à l'encre de Chine, sur papier bistré.

62 — Baptême de Jésus-Christ.

Très-beau dessin à la plume et à l'encre de Chine, rehaussé de blanc, sur papier teinté.

62 bis. — Femmes nues.

Très-beau dessin à la plume et au bistre.

TITIANO VECELLI dit LE TITIEN

63 — Paysage.

Des soldats pénètrent dans une grotte au pied d'un rocher couvert d'arbres.

Beau dessin à la plume, largement traité.
Collection Lempereur.

H. VERSCHUERING

64 — Cavaliers au repos près d'une fontaine.

Charmant dessin à l'encre de Chine, dans le style de Wouwermans.
Collection Van Goll.

PERUZZI (BALTHAZAR)

65 — Marche triomphale.

Beau dessin à la plume et au bistre. — Rare.

PAUL BRIL

66 — Paysage avec animaux.

Des chasseurs à cheval sortent d'un bois et poursuivent dans la plaine un cerf qui fuit et se dirige vers un fourré où les chiens le rejoignent.

Très-beau dessin à la plume et au bistre.
Collection Lagoy.

A. WATTEAU

67 — Femme nue endormie.

Dessin aux trois crayons, d'une touche moelleuse et fine.

PAUL VÉRONÈSE

68 — Le Christ et ses douze Apôtres.

Beau dessin à la plume et à la sanguine, lavé d'encre de Chine. Très énergique.

H. SWANEVELT

69 — Paysage au bord d'une rivière.

Beau dessin à la plume, largement traité.

LE PRIMATICE

70 — Pégase couronné de fleurs par Zéphir et Aurore.

Charmant dessin à la plume et au bistre, sur papier teinté.
Collection sir John Saint-Aubin.

LE TINTORET (J. ROBUSTI)

71 — Portrait d'un personnage du temps.

Beau dessin à la plume, lavé de bistre.

72 — La Mort de Lucrèce.

Beau dessin à la plume et au bistre, rehaussé de blanc, sur papier gris.

H. VAN BALEN

73 — Pomone et Flore.

Dessin à l'encre de Chine, rehaussé de blanc, sur papier teinté, dans le style de Rubens.
Collection Flinck.

BACCIO BANDINELLI

74 — Saint Sébastien.

Superbe étude à la plume et au bistre.
Collection Mariette.

A. STORCK

75 — Marine.

Sur le premier plan, des matelots sont occupés au chargement d'un navire amarré ; plus loin, la pleine mer avec des vaisseaux.

Beau dessin au bistre.
Collection Van den Zande.

JULES ROMAIN

76 — Mucius Scevola.

Très-beau dessin à la plume et au bistre.
Collection du comte de Goudts.

A. DIEPENBEEKE

77 — Une Sainte.

Joli dessin aux trois crayons, légèrement lavé d'encre de Chine.

78 — Un Saint.

Joli dessin aux trois crayons, lavé d'encre de Chine et de brun-rouge.

LE PARMESAN (Mazzuoli)

79 — Hérodiade. — Tête d'ange.

Deux jolis dessins à la sanguine et au bistre sur la même feuille.
Collections du comte de Goudts et Vallardi.

80 — Assomption de la Vierge.

Beau dessin à la plume et au bistre, d'un grand effet.

81 — Mars et Vénus.

Charmant dessin à la plume, légèrement lavé d'encre de Chine.

C. VISCHER

82 — Portrait historique.

Très-beau dessin à la pierre noire, sur parchemin. Signé.
Collection Ploos Van Amstel.

POLYDORE DE CARAVAGE

83 — Adam et Ève chassés du paradis terrestre.

Très-beau dessin à la sanguine, dans le style de Raphael Sanzio.

83 *bis.* — Des soldats romains. — Bas-relief.

Beau dessin au bistre, rehaussé de blanc, sur papier gris.

JEAN HOLBEIN

84 — Esther et Assuérus.

Beau dessin à la plume. Curieux et rare.

85 — Une Procession.

Beau dessin à la plume, lavé d'encre de Chine.

LE CORRÈGE (Allegri)

86 — Groupe d'anges soulevant un nuage sur lequel la
Vierge monte au ciel.

Beau dessin à la sanguine, d'un grand effet, où la puissance du crayon
Corrégien se fait sentir dans chaque trait.
Collection Woodburn.

G. METZU

87 — Une jeune fille à sa fenêtre.

Joli dessin à la pierre noire, rehaussé de blanc, sur papier bistré

FRA BARTHOLOMEO (IL FRATE)

88 — Tête d'Enfant.

Très-beau dessin à la pierre noire, sur papier bistré.

J. BREUGHEL (DE VELOURS)

89 — La Vendange.

Dessin à l'aquarelle.
Collection Van den Zande.

PROCACCINI (JULES-CÉSAR)

90 — Le pape Jules II faisant distribuer des aumônes.

Très-beau dessin à la plume et au bistre.
Collection Vallardi.

P.-P. RUBENS

91 — Une femme à genoux.

Beau dessin aux crayons noir et blanc, sur papier gris.
On sent la main du maître dans l'exécution des chairs et de la draperie.
Collection Flinck.

92 — Tête de Femme.

Très-beau dessin aux trois crayons, sur papier bistré.

93 — Adam et Ève au paradis terrestre mangeant le fruit
défendu.

Beau dessin à la pierre noire.
Collections Houlditsch et Sir J. Reynolds

94 — Paysage.

Dessin à l'aquarelle, largement traité.—Très-rare.

Rubens n'a presque pas fait de paysages ; il en confiait l'exécution à Paul Bril et autres maîtres de son temps.

JEAN D'UDINE (Nanni)

95 — Le Christ au Jardin des Oliviers.

Beau et curieux dessin à la plume et au bistre, légèrement lavé d'aquarelle.

Les ornements d'architecture qui encadrent le dessin sont très-spirituellement exécutés. Signé.—Très-rare.

Collection Galeozzi.

CORNEILLE BÉGA

96 — Scène de Cabaret. — Buveurs et fumeurs écoutant un joueur de guitare.

Dessin à la plume et au bistre, rehaussé de blanc, sur papier teinté.
Collection J. Dupau, de Genève.

RAPHAEL MOTTA DA REGGIO

97 — Ecce Homo.

Le Christ, entouré de soldats, est montré au peuple avec la couronne d'épines sur sa tête et le roseau dans les mains ; l'expression de douleur résignée sur la figure du Christ est très-belle.

Dessin au bistre, d'un grand caractère.
Collection Kaïemau, de Bruxelles.

L. ZUSTRIS

98 — Vénus sur un nuage tient d'une main un cœur enflammé et de l'autre l'Amour qui lance une flèche ; à ses pieds, sont des sceptres et des couronnes.

Très beau dessin à l'encre de Chine, où l'on reconnaît le style du Titien, maître de Zustris.

FRANCIA (RAIBOLINI, 1500)
Élève du Perugin et de J. Bellin.

99 — Un jeune homme debout, les mains croisées.

Dessin à la sanguine.—Très-rare.

WYNANTS

100 — Paysage.

Un homme assis au pied d'un arbre près de sa maison ; derrière lui un talus, puis un chemin creux conduisant dans un bois. Au fond, on aperçoit le clocher de l'église du village.

Charmant dessin à l'encre de Chine.
Collection Van Goll.

MICHEL-ANGE BUONAROTTI

101 — Etudes pour le Jugement dernier.

Divers croquis à la plume, d'une admirable exécution.
Collection Villenave.

ISAAC VAN OSTADE

102 — Le Marchand d'images.

Une vieille femme sur sa porte, entourée d'enfants, regarde des images que montre un marchand ambulant.

Dessin très-spirituellement fait à la plume et au bistre, mêlé d'encre de Chine.
Collection Van den Zande.

ADRIEN VAN OSTADE

103 — L'École de village.

Intérieur d'une école.

Charmant dessin à l'aquarelle, d'une touche très-spirituelle et d'une grande fraîcheur de tons.
Collection Van den Zande.

LÉONARD DE VINCI

104 — Sainte Famille.

La Vierge presse l'enfant Jésus avec tendresse sur son sein; une mélancolie pleine de charme est répandue sur son visage.

Admirable dessin à la plume, d'une grande pureté d'exécution.
Collection Zanetti.

L. BACKUYSEN

105 — Le Coup de vent.

Sur le premier plan, à gauche, un bateau pêcheur penché par le vent; à droite, un homme sur un radeau; plus loin, plusieurs vaisseaux en mer.

Très-beau dessin à l'encre de Chine.
Collection Flinck.

SÉBASTIEN DEL PIOMBO

106 — La Nativité.

Dessin capital à la plume et au bistre, sur papier teinté.
Collection Woodburn.

ANDREA VICENTINO

107 — Priam pendant le siége de Troie.

Dessin d'un grand caractère, à la sanguine, légèrement lavé. — Rare.
Collections Ph. H. Lanskring, Nils Bark, Sir J. Reynolds et T. Hudson.

ADRIEN VAN DE VELDE

108 — Vaches paissant au bord d'un ruisseau.

Croquis très-spirituel à la plume, légèrement lavé d'encre de Chine.

109 — Paysage avec animaux.

Au pied d'un talus, sur lequel sont couché-des
moutons et un berger, se trouvent, à gauche, trois
bœufs et un âne ; à droite, des ruines entourées
d'un groupe d'arbres. On aperçoit, au fond, des
coteaux dorés par les rayons du soleil couchant.

Très-beau dessin à l'aquarelle, portant la signature du maître.
Collection Verstolk de Soeleu.

RAPHAEL SANZIO

110 — La Vierge, l'enfant Jésus et saint Jean.

Très-belle étude à la plume, d'un style magistral.

CORNEILLE DUSART

111 — Tête d'homme.

Dessin à l'aquarelle, d'une touche fine et spirituelle.
Collection Van den Zande.

PIETRO DI COSIMO

112 — La Vierge reçue dans le Ciel par Jésus-Christ entouré
d'anges.

Dessin au bistre formant un plein-cintre avec ornements d'architecture,
très-finement exécuté. — Rare.

N. BERGHEM

113 — Paysage avec animaux.

Deux hommes à cheval, conduits par un berger suivi de ses chiens et de son troupeau, traversent un champ au bord d'une rivière.

Très-joli dessin à la pierre noire.

114 — Bergers faisant paître leurs troupeaux sur la lisière
d'un bois.

Charmant dessin à la pierre noire.
Collection de lord Spencer.

115 — La Vache qui pisse.

Un berger et une bergère, assis au bord d'une
fontaine monumentale, gardent un troupeau de
vaches et de moutons.

Charmant dessin à la pierre noire, légèrement lavé d'aquarelle, d'une
touche pleine d'esprit. Berghem a peint plusieurs fois ce sujet dans ses
tableaux.

BALESTRA

116 — Mort d'un saint que des anges transportent au Ciel
sur un nuage.

Très-beau dessin à l'encre de Chine, rehaussé de blanc.
Collections Ch. Rogers, Nils Bark et Th. Lawrence.

ANDRÉ DEL SARTE

117 — Groupe d'anges chantant.

Beau dessin à la plume et au bistre, rehaussé de blanc, avec la signature du maître.

GÉRARD DOW

118 — Portrait de l'Artiste.

Dessin d'une grande finesse à la sanguine.
Collection P. Van Amstel.

J. PALMA (Le Vieux)

119 — Un évêque martyr reçoit la palme qu'un ange lui présente.

Beau dessin à la plume et au bistre, rehaussé de blanc.

A. VAN STRY

120 — Bœufs et Moutons dans un champ.

Très-joli dessin à l'encre de Chine, mêlée de sépia.
Collection Pausch.

DE WAEL

121 — Combat sur un pont.

Beau dessin à la plume et au bistre.
Collection Colin.

LE DOMINIQUIN (Zampieri)

122 — La Flagellation.

Dessin à la plume et au bistre, rehaussé de blanc.

C. SACHTLEVEN

123 — Un berger endormi auprès de ses moutons.

Charmant dessin à la pierre noire, lavé d'aquarelle.

L. DAVID

124 — La Toilette.

Une jeune fille, à moitié nue, arrange sa chevelure devant un miroir que tient un jeune homme assis à ses pieds.

Gracieux dessin à la pierre noire et lavé d'encre de Chine, rehaussé de blanc. David a fait ce dessin à Rome, à l'époque où il était encore sous l'influence de l'école de Boucher.

Collections Dumesnil, Constantin et J. Dupan.

125 — Tête de Bélisaire.

Belle étude pour son tableau de *Bélisaire*. Ce dessin est signé et porte la date : *1820-Bruxelles*.

KAREL-DUJARDIN

126 — Un Mouton sortant de la bergerie

Joli dessin à la pierre d'Italie.

127 — Paysage avec animaux.

Charmant dessin à la pierre noire.

128 — Chèvres et Chevreaux.

Beau dessin à la pierre noire, lavé d'encre de Chine. Signé.

LE GUERCHIN (Barbieri)

129 — Paysage.

Dessin à la plume et au bistre.
Collection J. Dupan.

PAUL POTTER

130 — Bœuf dans un pré.

Joli dessin à la pierre noire.

SÉBASTIEN DEL PIOMBO (Luciano)

131 — Le Christ mort soutenu par des anges.

Très-joli dessin à la plume et au bistre, d'une grande finesse d'exécution.

CRASBEEKE

132 — Scène de cabaret.

Dessin à la plume légèrement lavé d'aquarelle.
Collection Th. Witsen.

A. MATHAN

133 — Diane endormie.

Superbe dessin à la plume imitant la gravure. (Signé).
Collection Rysbrack.

CARLE MARATE

134 — Riche composition pour entourer le portrait d'un prince.

Très-beau dessin à la sanguine, lavé de brun rouge et rehaussé de blanc.

J. VAN GOYEN

135 — Paysage.

Joli dessin à la pierre noire, lavé d'aquarelle.

136 — Marine.

Joli dessin à l'aquarelle.

CANTAGALLINA (REMI)

Maître de J. Callot.

137 — Un homme assis au pied d'un arbre, au bord d'une fontaine où une femme puise de l'eau.

Beau dessin à la plume.

TASSI (AUGUSTIN)

Maître de Claude Lorrain.

138 — Paysage.

Dessin très-fin à la plume.

G. METZU

139 — Tête de jeune fille enveloppée d'un voile transparent.

Joli dessin aux trois crayons.

JULES ROMAIN

140 — Tête de lion.

Charmant dessin à la plume.
Collection Mariett.

S. FRANCK

141 — Une Noce flamande.

Dessin à la plume et au bistre mêlé d'indigo.

LE CANGIAGE

142 — Vénus apprenant à l'Amour à tirer de l'arc.

Joli dessin à la plume et au bistre.

VAN DER MEULEN

143 — Cavaliers se préparant au combat.

Joli dessin à la plume et à l'encre de Chine.

HENRI ROOS

144 — Troupeau de bœufs et de moutons auprès d'une fontaine monumentale où un cavalier fait désaltérer ses chevaux.

Beau dessin à la plume et à l'encre de Chine, mêlée de bistre.

MICHEL COXIE (1530)

145 — Épisode de la vie de Joseph.

Dessin à la plume et au bistre. — Curieux et rare

GUIDO RENI (LE GUIDE)

146 — Tête d'homme.

Dessin à la pierre noire, rehaussé de blanc.

JEAN DE MABUSE (1500)

147 — Un ange porte du pain à un moine en prière au fond d'une forêt.

Dessin à la plume et au bistre. — Très-rare.

G. SADELER

148 — Un souverain d'Orient fait massacrer des chrétiens sous ses yeux.

Dessin à la plume et à l'encre de Chine.

F. SNEYDERS

149 — Nature morte.

Un lièvre pendu par les pattes à une branche d'arbre.

Croquis à la plume et au bistre.

MARTIN SCHOEN (1460)

150 — Retable gothique.

Dessin à la plume et à l'encre de Chine. — Très-curieux et très-rare.

D. TENIERS (Le Vieux)

151 — Trois paysans causent près d'une auberge de village.

Dessin à la plume et à l'encre de Chine.

L. GALLAIT

152 — Scène du sérail.

Joli croquis à la mine de plomb.

A. VAN DE VELDE

153 — Tête de vache.

— Groupe d'animaux.

Deux dessins à la pierre noire.

NICOLLE

154 — Paysage.

Dessin à la plume.

ANDRÉ DEL SARTE

155 — Croquis à la plume.

J. J. GRANDVILLE

156 — Paysage.

Dessin à la mine de plomb.

DEUXIÈME VACATION.

J. MOMPRE

157 — Marine. Vue d'une ville entourée de montagnes au
bord de la mer.

Dessin à la plume et au bistre, mêlé d'indigo.

VAN DER MEULEN

158 — Un Cheval mort.

Belle étude à la sanguine. Signée.
Collection J. Dupan.

159 — Portrait de Vauban.

Beau dessin à la sanguine.

PEDRO ORRENTE

160 — Martyrs arrivant au Ciel devant la Vierge et l'Enfant
Jésus entourés d'anges.

Dessin à la plume et à l'encre de Chine, rehaussé de blanc sur papier
bleu. École Espagnole.
Collection Madrazzo.

A. BLOEMAERT

161 — Animaux divers.

Dessin à la plume et au bistre.

162 — Un Berger endormi au pied d'un arbre, près de ses
moutons.

Joli dessin à la plume, légèrement lavé de bistre.

A. CARRACHE

163 — Le Tête-à-Tête.

Dessin à la plume et au bistre, rehaussé de blanc sur papier gris.
Collections de Paar et N. E. surmontées d'une couronne.

DUCREUX
Élève de Delatour.

164 — Portrait de Femme.

Dessin aux crayons noir et blanc, sur papier gris.

LUCA CAMBIASO dit LE CANGIAGE

165 — Sainte Famille.

Dessin à la plume et au bistre, largement traité.

GILLES NEYST

166 — Paysage.

Charmant dessin au bistre.

J. RIBERA dit L'ESPAGNOLET

167 — Martyre de saint André.

Beau dessin à la plume et au bistre, rehaussé de blanc.
Collection Gelozzi.

WITRINGA

168 — Marine.

Joli dessin à l'aquarelle.

TIEPOLO

169 — Un Ange jette dans le Tibre des tiares que les cardi-
naux pêchent avec des filets.

Dessin très-spirituel, à la plume et à l'encre de Chine.

L. VAN UDEN

170 — Vue d'une ville et de ses environs au soleil couchant.

Joli dessin à l'aquarelle.

Collection Van den Zande.

S. RICCI

171 — Jésus prêchant devant les Docteurs.

Joli dessin à la plume et au bistre.

M. HOBBEMA

172 — Paysage. Rochers avec cascade.

Belle étude à l'encre de Chine. — Rare.

D. TENIERS (Le Jeune)

173 — Étude de paysage.

— Kermesse flamande.

Deux dessins sur la même feuille, à la pierre noire.

Collection Vallardi.

PIETRO CANDIDO

174 — La Vierge et l'Enfant Jésus adorés par des martyrs.

Très-joli dessin à la plume et au bistre. — Rare.

Collection J.-P. Zomers.

DENIS CALVAERT

175 — La Cène.

Charmant dessin à la plume, lavé d'indigo. (A été gravé.)
Collection Rysbrack.

RUGENDAS

176 — Une Entrevue.

Joli dessin à la plume et au bistre, rehaussé de blanc.

DIETRICY

177 — Scène biblique.

Dessin à la plume et à l'encre de Chine.

J. DE WIT

178 — Des Enfants jouant avec une chèvre aux pieds d'une statue.

Charmant dessin à la plume et au bistre, rehaussé de blanc.

L. CARDI, LE CIGOLI

179 — Saint Pierre guérissant le Paralytique.

Beau dessin à la plume et à l'aquarelle.

C. POELENBURG

180 — Paysage avec ruines.

Charmant dessin à l'encre de Chine, d'une touche fine et moelleuse.
Collection Van Goll.

OMMEGANCK

181 — Un Bœuf dans un pré marécageux.

Joli dessin à l'encre de Chine, avec les initiales du maître.

J. JORDAENS

182 — Les Rieurs.

Joli dessin aux trois crayons.

183 — Le Christ, portant sa croix, tombe en arrivant au Calvaire.

Dessin très-énergique à l'aquarelle.

ADRIEN VAN DE VELDE

184 — Tête de Bœuf.

Très-beau dessin aux trois crayons.
Collection Woodburn.

J. LIEVENS

184 bis. — Tête d'Homme.

Beau dessin aux crayons noir et blanc, sur papier bleu.

E. QUELLINUS

185 — La Vierge et le Saint-Esprit au milieu des apôtres.

Beau dessin à l'encre de Chine. — Signé et daté.

ANDRE DEL SARTE

186 — Saint André.

Très-beau dessin à la sanguine.

H. GOLTZIUS

187 — Persée et Andromède.

Beau dessin à la plume lavé d'indigo.

188 — Un Peintre, entouré des attributs de toutes les sciences, fait le portrait d'une femme nue qui se regarde dans un miroir que lui présente l'Amour.

Très-beau dessin à la pierre noire, lavé d'encre de Chine.
Collection Colin.

DAVID VICKEMBOOMS

189 — Paysage.

Beau dessin à la plume, lavé de bistre et d'indigo.

190 — Paysage avec chasse.

Très-beau dessin à la plume et au bistre mêlé d'indigo.
Collection Woodburn.

PELLEGRINI DI TIBALDI

191 — Une Sibylle.

Beau dessin à la pierre noire, lavé de bistre.
Collection Crozat.

LUCAS KRANACH (1500)

192 — Entrée de Chevaliers dans une ville.

Beau dessin à l'encre de Chine, rehaussé de blanc.

LE SCHIAVONE (Medula)

193 — Sainte Famille.

Beau dessin au bistre, rehaussé de blanc.
Collections Crozat et Calvierre.

BONNINGTON

194 — Marine. Bateau pêcheur.

Charmant dessin à l'aquarelle.

DIRCK MAAS

195 — Une Chasse dans un bois.

Très-joli dessin au crayon, lavé d'encre de Chine.—Signé.

J. CARUCCI dit LE PONTORME
Élève de Léonard de Vinci et d'André del Sarte.

196 — Sujet religieux.

Dessin énergique à la plume et au bistre. — Rare.

P. WOUWERMANS

197 — Tambour à cheval.

Beau dessin à l'encre de Chine.

J. VAN HUYSUM

198 — Paysage.

Charmant dessin à la sanguine.
Collection Van Gottlob.

ISAAC VAN OSTADE

199 — Un Accouchement.

Joli dessin au crayon, d'une grande finesse.

E. MURILLO

200 — Saint Antoine de Padoue.

Croquis à la pierre noire.

201 — Un Moine adorant l'Enfant Jésus sur les genoux de la Vierge.

Dessin à la pierre noire.

202 — Famille de bûcherons.

Très-beau dessin aux trois crayons.
Collection Madrazzo.

203 — Apparition de la Vierge à saint Hubert.

Très-beau dessin à la plume et au bistre.
Collection Madrazzo.

VAN DER VENNE

204 — Esther et Assuérus.

Beau dessin à la plume et à l'encre de Chine.

PAUL VÉRONÈSE

205 — Une Tête de Moine.

Dessin à la sanguine.

206 — Scène biblique.

Dessin à la plume et au bistre.

207 — Adoration des Mages.

Beau dessin à la plume et au bistre, rehaussé de blanc, sur papier gris.
Collections Crozat et Calvierre.

J. RUYSDAEL

208 — Paysage.

Charmant dessin à la pierre noire, légèrement lavé d'encre de Chine.

SCHELFHOUT

209 — Marine.

Joli dessin à l'aquarelle.

L. BACKHUYSEN

210 — Jeune Femme jouant de la guitare.

Derrière cette jeune femme est un petit nègre qui tient un perroquet sur son doigt ; au fond de la terrasse on voit un paysage.

Joli dessin à l'encre de Chine.—Rare.
Collection Norblin.

211 — Marine.

Beau dessin à l'encre de Chine.

G. TERBURG

212 — Jeune Seigneur allant à la promenade.

Joli dessin aux crayons noir et blanc, sur papier gris.

213 — Un Artiste apporte des fruits et du pain à sa femme et à ses enfants.

Joli dessin aux crayons noir et blanc, sur papier bistré.
Collection Dupan.

214 — Une Jeune Femme, assise devant un miroir, fait sa toilette ; sa servante, debout derrière elle, lui parle.

Magnifique dessin au bistre, un des plus importants du maître.
Collections Van Goll, Ploos Van Amstel et Woodburn.

LÉONARD DE VINCI

215 — Tête de Vieillard.

Magnifique dessin à la plume, d'une touche pleine de finesse et d'esprit.
Collection Woodburn.

A. VAN DYCK

216 — Tête d'Ange.

Dessin aux trois crayons.

217 — Saint Sébastien.

Très-beau dessin aux crayons noir et rouge, légèrement lavé d'encre de
Chine et de bistre.
Collection Van den Zande.

218 — Mater Dolorosa.

Un Saint montre le Christ mort sur les genoux
de la Vierge.

Très-beau dessin à l'encre de Chine, rehaussé de blanc, sur papier bleu.
Collection Van den Zande.

P. REMBRANDT

219 — Un Chef de Croisés devant un Sultan.

Beau dessin à la plume, où la main du maître se fait sentir.
Collections R. Houlditsch et lord Spencer.

220 — Un Sacrifice antique.

Le grand-prêtre, à qui un homme à genoux présente le sceptre, regarde passer le cortége, au
milieu duquel on voit un char traîné par des
bœufs et entouré de musiciens.

Superbe dessin plein de fougue et d'une grande puissance de couleur.

FRA BARTHOLOMEO

221 — L'Évangéliste.

Le Saint est assis, tenant un livre fermé d'une main et de l'autre une épée.

Collections R. Udney et Pausch.

A. BLOEMAERT

222 — L'Adoration des Bergers.

Beau dessin à la plume et au bistre, rehaussé de blanc.
Collection Van den Zande.

ZURBARAN

223 — Un Moine en extase entouré d'anges.

Beau dessin à la plume et au bistre.
Collection Madrazzo.

LE CORRÈGE

224 — Jupiter et Io sur un nuage.

On aperçoit dans le lointain Europe poursuivie par le taureau.

Superbe dessin à la plume et au bistre.
Collection Sanby.

225 — Études d'Enfants.

Joli dessin aux crayons noir et rouge.
Collections Mariette, Lagoy et Woodburn.

A. STORCK

226 — Marine.

Une Flotte prenant la mer par un temps de brise.

Beau dessin à la plume et à l'encre de Chine.

BENEDETTE CASTIGLIONE

227 — Massacre des Innocents.

Très-beau dessin à la sanguine lavé de brun rouge.
Collection Willenave.

G. HONTHORST

228 — La Cène. Trahison de Judas.

Beau dessin à l'encre de Chine.

PACHECO

229 — La Sibylle de Tibur.

Beau dessin à la plume et au bistre. — Rare.
Collection Madrazzo.

LINGELBACH

230 — Marine.

Joli dessin à l'encre de Chine.

LE ROSSO

231 — Une Femme nue endormie.

Joli dessin à la plume et au bistre.
Collection Vallardi.

RAPHAEL MENGS

232 — Tête de Vierge.

Beau dessin aux crayons noir et blanc, sur papier gris.

PROCACCINI (Camille)

233 — Scène biblique.

Beau dessin à la plume et au bistre.
Collection Vallardi.

PROCACCINI (Jules-César)

234 — Saint Laurent à genoux devant l'Enfant Jésus entouré
d'anges et de la Vierge.

Beau dessin à la plume et au bistre.
Collection Vallardi.

L. VAN UDEN

235 — Paysage.

Jolie étude à l'aquarelle.

CARLO CIGNANI

236 — La Charité.

Charmant dessin à la pierre noire lavé de bistre.
Collection Vallardi.

HANS BOL

237 — Sujet tiré de l'Ancien Testament.

Dessin à la plume et au bistre.—Signé et daté, 1572.

STALBENT

238 — Paysage et Vue de ville au bord d'une rivière.

Beau dessin à la plume, lavé de bistre et d'indigo.

CANTARINI (Simon)

239 — Moïse sauvé des eaux.

Joli dessin à la sanguine.
Collection Révil.

J. JORDAENS

240 — Amphitrite sur un dauphin, entourée de Tritons.

Joli dessin à la sanguine, lavé de bistre.

J. HOLBEIN

241 — Le Maître d'école de Nuremberg.

Beau dessin à la plume, lavé d'encre de Chine, sur parchemin.
Collection Th. Witsen.

ENGELBRECHTSEN (1450)

242 — Un Seigneur et sa Femme, à cheval, partant pour la promenade.

Dessin lavé d'aquarelle, très-curieux et très-rare.

LE TITIEN

243 — Hercule assommant Cerbère.

Joli dessin à la plume.

Collections du roi Charles Ier, d'Angleterre; Ph.-H. Lanskring, Paul
Sanby, Robinson et Van Gottlob.

J. VAN GOYEN

244 — Paysage avec animaux.

Beau dessin au crayon noir, lavé d'encre de Chine.

P. TESTA

245 — Ève, excitée par le serpent, offre la pomme à Adam,
qui semble hésiter à la prendre.

Beau dessin à la plume.
Collection Lempereur.

G. VAN DE VELDE

246 — Marine. Bateaux chargés de marchandises.

Dessin au crayon lavé d'encre de Chine. — Signé.

JEAN COUSIN

247 — La Flagellation.

Beau dessin à la plume et au bistre. — Rare.

H. SWANEVELT

248 — Paysage avec animanx.

Très-beau dessin à l'encre de Chine.

P. PUGET

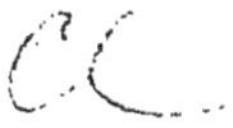

249 — Une Chaire à prêcher.

Beau dessin à la plume, lavé d'encre de Chine, sur papier teinté.

KAREL DUJARDIN

250 — Boucs et Chèvres.

Joli dessin à la sanguine. Signé *KD. 1604.*

LE TINTORET (J. ROBUSTI)

251 — Hercule.

Belle étude à la pierre noire, rehaussé de blanc, sur papier gris.
Collections Woodburn et Th. Lawrence. (*Voir au verso.*)

A. WATTEAU

252 — Une Femme en chemise penchée au bord de son lit.
Joli dessin aux trois crayons.

PYRRHO LIGORIO (1560)
Élève de Michel-Ange

253 — Vue du Vatican sous le pape Paul III.

Beau dessin à la plume, lavé de bistre et de brun rouge, très-curieux et très-rare.
Collections Mariette, Th. Lawrence, comte de Fries et Van Gottlob.

J.-B. GREUZE

254 — Scène d'Intérieur.

Beau dessin à la plume et à l'encre de Chine.

ADRIEN VAN DE VELDE

255 — Un Cheval attelé à une voiture.
Joli dessin à la sanguine.
Collection Van Os.

TH. GUDIN

256 — Ruines au milieu d'un lac.
Charmant dessin à la sépia.

L. BACKHUYSEN

— Marine.

Beau dessin à la plume.

PERINO DEL VAGA (Buonacorsi)

258 — Bataille.

Beau dessin à la plume.

VAN STRY

259 — Une Vache dans un pré.

Beau dessin à la plume, lavé au brun rouge.

CHARDIN

260 — Une Marchande de fruits entourée d'enfants.

Joli dessin à la plume et à l'encre de Chine.

LE BERNA (1360)

261 — Une Femme jouant avec un chien.

Dessin à la plume et au bistre, entouré d'ornements, sur parchemin ; dans la manière de Fiesole. — Très-rare.

Collections Gault de Saint-Germain et lord Arundel.

MICHEL-ANGE BUONAROTTI

262 — Portrait d'une princesse du temps.

Très-beau dessin à la pierre noire.

PAUL POTTER

263 — Un Taureau.

Très-beau dessin à la pierre noire, légèrement lavé d'encre de Chine.

JEAN BOTH

264 — Paysage.

Beau dessin à la plume et à l'encre de Chine, d'une grande finesse d'exécution.—Signé et daté *1641*.

265 — Paysage.

Très-beau dessin à l'encre de Chine.

Collection Ploos Van Amstel.

T. ZUCCARO

266 — La Sibylle de Cumes.

Beau dessin à la plume et à l'encre de Chine mêlée de bistre, sur papier bleu.

Collections Richardson, W. Esdaile et Ph.-H. Lanskring.

LE GIOTTO (BONDONE)

267 — *La Navicella.* —La Barque de saint Pierre.

Dessin fait par le Giotto (en 1300) pour sa fameuse mosaïque de Saint-Pierre de Rome, connue sous le nom de *la Navicella.* Il existe deux dessins de cette œuvre du Giotto, ayant appartenu tous les deux à Vasari, puis à William Ottley, qui, dans son grand ouvrage, a donné le *fac-simile* de l'un, et a décrit l'autre, celui dont il est question ici. Ce dernier, semblable à la mosaïque, fut considéré par le Giotto comme plus satisfaisant que le premier, qui ne reçut aucune exécution. Pièce très-curieuse et de la plus grande rareté.

Collections Vasari, W. Otley, lord Pembrock et Woodburn.

MOREAU

268 — Paysage.

Joli dessin à la gouache, très-fin. Signé.

J. CAVEDONE

269 — Agar dans le désert.

Joli dessin à la plume.
Collection du baron Denon.

ISAAC VAN OSTADE

270 — Entrée de ville.

Joli dessin à la sanguine.

R. NANTEUIL

271 — Portrait d'Homme.

Dessin d'une grande finesse à l'encre de Chine.

A. CUYP

272 — Panorama d'une ville et de ses environs.

Joli dessin à la pierre noire, lavé d'encre de Chine.

J. PALMA (Le Vieux)

273 — Scène biblique.

Très-beau dessin à la plume, lavé de bistre et rehaussé de blanc.
Collection de la princesse Marie d'Orléans.

J. LIÉVENS

274 — Tête de Vieillard.

Beau dessin à la pierre noire.

CARRACHE (Annibal)

275 — Sainte Famille entourée d'anges.

Beau dessin à la plume, lavé d'encre de Chine.

VOLMAR

276 — Des Chiens poursuivant un chevreuil.

Joli dessin à l'aquarelle.

LE GUERCHIN (Barbieri)

277 — Un Jeune Homme à genoux cassant du bois pour
allumer du feu.

Joli dessin au bistre.
Collection W. Esdaile.

CALLET

278 — Mars et la Victoire.

Dessin au pastel pour la décoration du Sénat sous Napoléon Ier.

VAN STRY (Jacques)

279 — Paysan hollandais.

Très-beau dessin à la pierre noire, lavé d'encre de Chine. Signé.

VERNET (Joseph)

280 — Paysage montagneux.

Joli dessin à l'encre de Chine.

CLAUDIUS JACQUAND

281 — La Bénédiction des fruits.

Beau dessin au crayon noir, rehaussé de blanc.

SPILMAN

282 — Marine.

Joli dessin à la plume et au bistre.

H. FRAGONARD

283 — Étude d'arbre.

Beau dessin à la sanguine.

G. KALF

284 — Nature morte.

Dessin à la plume et au bistre.

G. NETSCHER

285 — Portrait.

Dessin à la plume et à l'encre de Chine.

LE TITIEN

286 — Entrevue de Charles-Quint et du Titien.

Première pensée du dessin qui est au Louvre.
Collection Thibaudeau.

SIMON DE VLIEGER

287 — Marine.

Dessin au crayon noir, lavé d'aquarelle.

BOUTON

288 — Intérieur de Temple.

Joli dessin à la sépia.

VAN LIENDER

289 — Paysage.

Dessin à l'encre de Chine.

DEBUCOURT

290 — Portrait de Femme.

Dessin à l'encre de Chine.

SCHOOTEL

291 — Marine.

292 — Marine.

Deux dessins à la mine de plomb.

NICOLAS POUSSIN

293 — Éliezer et Rébecca.

Première pensée du tableau qui est au Louvre.
Dessin à la plume très-fin.
Collection Moenet.

294 — Une Femme tenant un enfant sur ses genoux.

Dessin à la plume et au bistre.
Collection Ruthiel.

VAN DER ULFT

295 — Paysage.

Dessin à la plume et au bistre.

A. STORCK

296 — Marine.

Quatre *Fac-Simile* de dessins de Rembrandt, de J. de Bray, de Van Dyck
et de Léonard de Vinci.

Renou et Maulde, imprimeurs de la Compagnie des Commissaires-Priseurs,
rue de Rivoli, 144.   20402

9 782019 307578